BEI GRIN MACHT SICH IHR
WISSEN BEZAHLT

- Wir veröffentlichen Ihre Hausarbeit,
  Bachelor- und Masterarbeit

- Ihr eigenes eBook und Buch -
  weltweit in allen wichtigen Shops

- Verdienen Sie an jedem Verkauf

Jetzt bei www.GRIN.com hochladen
und kostenlos publizieren

Bibliografische Information der Deutschen Nationalbibliothek:

Die Deutsche Bibliothek verzeichnet diese Publikation in der Deutschen National-
bibliografie; detaillierte bibliografische Daten sind im Internet über http://dnb.d-
nb.de/ abrufbar.

Impressum:

Copyright © 2019 GRIN Verlag
Druck und Bindung: Books on Demand GmbH, Norderstedt Germany
ISBN: 9783346044051

Dieses Buch bei GRIN:

https://www.grin.com/document/504351

Julius Zukowski-Krebs

Drei Helden für eine ewige Königin. Die Kanzone Spito Gentil in Petrarcas "Rerum vulgarium fragmenta" und ihre Interpretation

GRIN Verlag

GRIN - Your knowledge has value

Der GRIN Verlag publiziert seit 1998 wissenschaftliche Arbeiten von Studenten, Hochschullehrern und anderen Akademikern als eBook und gedrucktes Buch. Die Verlagswebsite www.grin.com ist die ideale Plattform zur Veröffentlichung von Hausarbeiten, Abschlussarbeiten, wissenschaftlichen Aufsätzen, Dissertationen und Fachbüchern.

Besuchen Sie uns im Internet:

http://www.grin.com/

http://www.facebook.com/grincom

http://www.twitter.com/grin_com

Freie Universität Berlin
Fachbereich Philosophie und Geisteswissenschaften
Petrarcas Canzoniere und die 'material philology'
WiSe 18/19

Hausarbeit

„Drei Helden für eine ewige Königin"

Die Kanzone *Spito Gentil* in Petrarcas RVF und ihre Interpretation

von Julius Zukowski-Krebs

13. Fachsemester

Inhalt

1. Einleitung

Francesco Petarca gilt zu Recht als einer der wichtigsten Literaten der Renaissance.
Haben doch seine Werk nicht nur die Jahrhunderte überdauert sondern sind auch gut
gealtert. Bis heute zählt er zum guten Kanon europäischer Literatur. Doch durch
ebendiese Kanonisierung, ging ein großer Teil des Wirkens Petrarcas für die breite
Öffentlichkeit verloren. Oft wird er auf sein Dichter-Sein reduziert ohne sein
gesamtes Wirken in Betracht zu ziehen. Und auch wenn es beinahe unmöglich ist von
einem „wahrer Patrarca" auszugehen, ist doch sein gesamtes Leben umstrittener
Gegenstand der Forschung mindestens bereits seit seinem Tod, ist es doch möglich
zu sagen, dass Petrarca mehr als Dichter war. Wohl ist es nicht vermessen zu
behaupten, dass Petrarca einer der ersten europäischen Intellektuellen, so wie ein
Wegbereiter der italienischen Nationalbewegung war. Zu Lebzeiten griff er aktiv,
einerseits aus der Verpflichtung den jeweiligen Fürstenhäusern heraus, aber auch aus
eigenem Wollen, in die Geschicke der Politik seiner Zeit ein.

Besonders litt Petrarca wohl unter dem geopolitischen Konflikt der Guelfen und der
Ghibellinen, der das politische Bewusstsein der frühen Renaissance prägte. Dabei
war der Charakter des Konflikts nicht die bloße Land- und Einflussnahme zweier
adliger Fraktionen, sondern hatte auch einschneidende ideologische und
theologische Folgen. Vor allen war die Tatsache, dass das Pontifikat nicht seinen
„rechten" Platz in Rom einnahm, dem eine europaweite Auseinandersetzung
zwischen französischem König und dem Staufer Geschlecht vorausgegangen war, die
in der Verlagerung des Pontifikats nach Avignon gipfelte, ein rechtes Leiden
Petrarcas Zeit seines Lebens und füllte ebendieses weitgehend aus. Erst drei Jahre
nach dem Tod des Dichters, siedelte Papst Gregor XI wieder nach Rom über.

Petrarca dürfte aber auch, neben seiner dichterischen und politischen Tätigkeit wohl
als Philosoph gelten. Denn gerade in der aufgeladenen politischen Atmosphäre und
des sittlichen Verfalls den er so wohl in der Kurie als auch an den weltlichen
Fürstenhöfen sah, empfand er als Imperativ eine moralische Intervention im
Charakter einer literarischen Prüfung zu führen. Davon zeugt sein Werk „De otio

religioso", in dem er systematisch die Gefahren und Ursprünge des sittlichen Verfalls dokumentiert und vor ihnen warnt. So wurde Petrarca nicht nur ein bedeutender Denker seiner Zeit sondern auch ein Dokumentator der frühen Renaissance. Dies schlägt sich insbesondere in seinen Werken nieder. Auch wenn das Werk heute eher nicht zu den bekanntesten Petrarcas zählt war der Epos „Africa" im politisch-literarischen Diskurs seiner Wirkungsjahre ein hoch geschätztes und bedeutendes Werk, das viele Zeitgenossen mit Vergils Aeneis' in seiner Stellung eines Nationalepos verglichen. Doch auch im Canzoniere, finden sich viele starke verweise auf den politischen Diskurs der Zeit wieder.

Nicht zuletzt deshalb weil Petrarca selbst ein bedeutender politischer Akteur war der aktiv in die Tagespolitik eingegriffen hatte. So ist zunächst zu bemerken, dass Petrarca sich ab seinem 26ten Lebensjahr beinahe durchgehend bis zu seinem Rückzug aus der Öffentlichkeit, im Dienste verschiedener Fürstenhäuser befand. Zunächst der Collonas, der Visconti und anschließend vieler anderer Parteien und Häuser. Sein Bewusstsein, wurde an den Höfen und den Tafeln ebendieser Fürstenhäuser und des Pontifikats dem er nahe stand, geprägt. Davon gingen seine Verbindungen, Seilschaften und Kontakte nach ganz Europa aus.

In seinem politischen Handeln vertrat Petrarca stets eine Maxime. Dass Rom wieder caput mundi werden solle. Sowohl als Zentrum der Gloria vergangener römischer Tage, wie auch das Zentrum der geistlichen und weltlichen Macht. Kaiser und Papst sollten in Rom residieren. Für Petrarca war es eine notwendige Selbstverständlichkeit, die er mit einigen seiner Zeitgenossen teilte. Prominent unter ihnen steht Cola di Rienzo. Ein junger, eloquenter, römischer Tribun, mit dem Ziel Rom von der Fremdherrschaft der vom Papst ernannten Fürstenfamilien zu befreien und es wieder zu einem Gravitationspunkt europäischer Politik zu machen. Jedoch sollte dabei nicht vergessen werden, dass trotz der späteren Konflikte, das Haus Collona einen wichtigen Meilenstein in der Entwicklung und Etablierung Petrarcas darstellte.

Eines der wichtigsten Zeugen für Petrarcas Symbiose des politischen und des literarischen Diskurses war wohl seine Canzone *Spirto Gentil* die im Rerum

Vulgarum an der 53sten Stelle auftaucht. Sie zeugt von einem starken Willen der römischen Wiedergeburt und einem vom schönen drängenden Geist beseelten Wunsch nach Teilname an dem Prozess. Dabei wird nicht nur die römische Bevölkerung das Ziel seiner Sehnsucht, sondern vor allem ein starker und moralisch gefestigter, römischer Führer. Dem er aller Wahrscheinlichkeit nach diese Canzone widmet. Jedoch wie in anderen Bereichen, der Material Philology speziell bei der Betrachtung Petrarcas, ist es nicht eindeutig zu sagen, wann genau die Canzone verfasst wurde und vor allem wem die Canzone gilt. Dazu gibt es mehrere auseinander klaffende Hypothesen die sich grob in drei Kategorien einteilen lassen. Zunächst ist die fast schon kanonische Interpretation, dass die Canzone niemand geringerem als Cola di Rienzo gewidmet sein soll. Bei dieser Hypothese weichen jedoch die Entstehungsdaten, je nach Verfasser von einander ab. Die anderen Hypothesen verweisen auf die Nähe Petrarcas zur Fürstenfamilie Colonna und schreiben ihm zu dass er einen der damalig herrschenden Köpfe der Collona Familie gemeint haben muss. Die dritte Hypothese sagt, dass Petrarca doch genug vertrauen in die Institution des Kaisers und der Krone hatte und somit nur Karl IV gemeint sein könnte. Das Ziel dieser Arbeit soll sein, die verschiedenen Ansätze zur Datierung und Interpretation der Canzone *Spirto Gentil* zu beleuchten um die Diversität der Debatte und die Herausforderungen in der künftigen Patrarca-Forschung darzustellen.

Historisches Kontext

Wenn man von der frühen Renaissance in Oberitalien schreibt, dann schreibt man, nach dem Zusammenbruch der republikanischen Staatsform, die Geschichte der Tyrannen Oberitaliens, die der wichtigste Schlüssel zum Verständnis der Epoche, ihrer Politik und ihrer kulturellen Entwicklung waren. Man schreibt aber auch von einer Rechtlosigkeit, die nicht nur Oberitalien umfasste, sondern beinahe das gesamte Heilige Römische Reich. In Zeiten in denen Frankreich, Großbritannien und Spanien eine einheitliche Staatlichkeit besaßen, begnügte sich Oberitalien mit der Herrschaft des Kaisers und des Papstes gleichermaßen. Diese, ihre eigenen Ambitionen verfolgend, hatten nichts von einem zentralisierten, von einer Verfassung getragenen, Staat, sondern profitierten von der Kleinteilung ihres

Herrschaftsgebietes. Das machte die einzelnen Herrscherhäuser zu Mikrokosmen italienischer Kultur aber auch zu Brutstätten der Macht. Nach Außen und nach Innen. Oft war die Frage der Erbfolge oder der territorialen Ausdehnung entscheidend, für das Fortbestehen einer Dynastie und die Sicherung des eigenen Erfolges. Sie führte soweit, dass ganze Häuser oder ihre Nebenzweige dem Machtstreben zum Opfer fallen. Hinzu kamen die Streitigkeiten zwischen den großen europäischen Häusern um den Einfluss auf das Pontifikat. Was wenige Jahre nach Petrarcas Geburt dazu führte, dass durch den Untergang der Staufer der französische Einfluss auf die Kurie anstieg und letztendlich in der Übersiedlung des Pontifex nach Avignon resultierte. Dies war für Petrarca Zeit seines Lebens eine prägende Tatsache. Das Resultat waren große und kleine Auseinandersetzungen zwischen den Häusern untereinander und der Kurie im besonderen im Schoße Italiens, von denen das gesamte 14 Jahrhundert geprägt war, die Lebens- und Wirkungszeit Petrarcas. Das spiegelt sich insbesondere in seiner Biographie wieder, war er doch an den verschiedensten und einflussreichsten Höfen seiner Zeit beheimatet und führte für sie diplomatische Tätigkeiten aus die so oft auch Friedensverhandlungen einschloßen.

Insbesondere war die Zeit aber von der Frage beseelt wie denn Italien aussehen solle. Eine besondere Rolle kam dabei den Visconti zu, die über den gesamten Verlauf des 14 Jahrhunderts stets im Begriff waren einen einheitlichen Staat in Ober- und Mittelitalien zu gründen. Was lediglich durch die Bemühungen des Papstes und ihm loyaler Tyrannen einerseits und der Republik Florenz andererseits unterbunden wurde. Somit scheiterte das Unternehmen des einheitlichen Staates auf doppelte Weise. Die Visconti waren nicht in der Lage einen zu formen. Gleichzeitig verblieb für die aufstrebenden Humanisten der Zeit die Einheit Italiens unter einem gerechten Herrscher und nicht einem Tyrannen. Dies war Petrarca jedoch besonders wichtig. Die Einheit des italienischen Staates und das Beenden der ungezügelten tyrannischen Herrschaft, abgelöst von einem gerechten römischen Herrscher. Wohl weniger aus hohen Gefühlen oder all zu noblen Beweggründen, sondern aus der einfachen Räson der politischen und gesellschaftlichen Stabilität. Nichtsdestotrotz spiegelt seine Kunst diesen Gedanken nicht nur im RVF mehrfach wider.

Konkret stellt sich jedoch über die gesamte Zeit des aufkommenden Nationaldiskurses, die Frage wer den in der Lage und Willens wäre diese noble Idee umzusetzen. Jedoch ist dies wie wir gesehen haben, kein leichtes Unterfangen. Namhaft treten zwei Fraktionen, die Guelfen und die Ghibellinen, im Streben um die Macht auf. Darunter gibt es mehrere Anwärter darauf. Sei es der Papst selbst der wieder nach Rom kommen würde, der Kaiser oder eine der Fraktionen. Im Kontext dessen Beteiligt sich auch Petrarca mit seiner Kanzone *Spirto Gentil* an der Diskussion und verleiht damit der gestellten Frage konkrete Form. So reflektiert die Beschäftigung mit der Interpretation der Kanzone gleichsam die Suche nach einer möglichen Lösung des Konflikts in einer retrospektiven Analyse der politischen Verhältnisse. Somit kommt die Entwirrung des Knotens dieser Kanzone gleich einer Landkarte an Akteuren und ihrer Verstrickungen im politischen Diskurs der frühen Renaissance.

Cola di Rienzo

Beginnend mit der Analyse möglicher Deutungen ist wohl zunächst die gängigste der Interpretationen bis ins 21 Jahrundert hinein zu nennen. Die bis heute von einigen Forscher*innen vertretene Annahme, dass die Kanzone *Spirto Gentil* Cola di Rienzo, dem Tribun von Rom, gewidmet ist. Woraus sich auch die Datierung der Kanzone ergibt, die in unmittelbare Nähe zu den Geschehnissen um Cola di Rienzos Aufstand und anschließende Machtergreifung in Rom, gebracht wird. Anfangs aber muss die durchaus enge und vertrauensvolle Beziehung Petrarcas zu Cola beleuchtet werden auf der die Hypothese fußt.

Das erste Treffen zwischen den beiden Akteuren fand beim ersten Besuch Colas in Avignon 1343 statt. Der Delegation die Cola anführte und deren Ziel es war die kürzliche Absetzung der Senatoren durch den „Rat der dreizehn Guten Männer" zu legitimieren, ist seine Wahl zum Tribun und Kopf der Delegation nach Avignon in Rom vorausgegangen.[1] Auch wenn nicht gesichert überliefert ist, an welchem Tag

---

1 Cosenza, Mario Emilio, „Francesco Petrarca and the revolution of Cola di Rienzo" P. 2 Chicago, University of Chicago Press, 1913

genau die erste Begegnung erfolgte, kann man doch mit Sicherheit, sagen dass es im Zeitraum der drei Tage des Verbleibes der Delegation in Avignon geschah. Für Petrarca war dieses Zusammentreffen tatsächlich das erste Mal, dass er von Colas Existenz erfuhr, Cola hingegen wird vermutet, hatte bereits Petrarcas Dichterkrönung 1341 beigewohnt und war durchaus mit Mensch und Werk Petrarca vertraut. Diese Zusammenführung erwies sich als gegenseitig fruchtbar, denn so wird vermutet sah Petrarca zu dem Zeitpunkt in Cola den von ihm ersehnten Scipio Africanus oder wie er selbst sagte den dritten Brutus der durch seine Taten Rom seinen alten Glanz wiederbringen würde.

Die Hypothese stützt sich hauptsächlich auf den Brief (*Var., XLVIII, Hortatoria*) den Petrarca wohl, laut Mario Emillio Cosenza, zwischen dem 24 und dem 27 Juni des Jahres 1347 an Cola di Rienzo verfasste.[2] Der Brief enthält außer den Glückwünschen Patrarcas für die friedliche Machtergreifung Colas auch eine politisch-philosophische Analyse bzw. Anrufung des Zustandes den die Veränderung der Herrschaftsverhältnisse mit sich brachte. Er beschwor Cola an der neu gewonnenen Freiheit um jeden Preis fest zu halten und lieferte zugleich die Begründung für die Notwendigkeit der Fortsetzung des Kampfes. Nämlich die Wiederherstellung Roms als die glanzvolle Stadt ihrer Vorgänger. Dazu wendet er sich auch direkt an die Römer*innen, Cola zu jeder Zeit all ihre Hingabe zu widmen. Den Brief beendet er auf einer euphorischen Note mit den Worten:

„There at the brim of the Castalian font, I shall recall the Muses from their exile, and shall sing resounding words in abiding memory of your glory, words that will ring throughout the ages. Farewell, thou bravest of men! Farewell, ye best of citizens!"[3]

Diese Worte sollen laut Francesco Torraca einen Hinweis auf den Grund der Entstehung der Kanzone *Spirto Gentil* geben. In seiner Untersuchung „Discussioni e ricerche letterarie", argumentiert Torraca, dass die Ereignisse dazu geführt haben, dass Petrarca den Brief in großer Eile geschrieben hat, damit dieser wohl Cola und die Romer*innen so zeitnahe wie möglich erreicht. So soll auch die Kanzone nicht

---

2 Cosenza, Mario Emilio, Op. cit. P. 65

3 Cosenza, Mario Emilio, Op. cit. P. 44

später als wenige Tage nach dem Brief vermutlich aber noch am selben Tag verfasst worden sein.[4] Ferner argumentiert Torraca, dass die Kanzone bereits mit der *Hortatoria* verschickt worden sei und in den letzten Juli Tagen 1347 sich im Besitz von Cola di Rienzo befunden haben muss.[5] Konkrete belege finden sich dafür jedoch nicht außer einer Erwähnung der Proklamation der *Hortatoria* am 2 Juli 1347 um den eigentlichen weg der *Hortatoria* nachzuzeichnen.

Karl IV

Der Hypothese, dass die Kanzone Cola di Rienzo zu zurechnen ist, stellt Anna Maria Voci, die Vermutung entgegen, es müsste sich viel eher um den damaligen Kaiser Karl IV handeln.

Ihre Begründung gründet sich auf einer Textanalyse, die zeigen soll, dass die Motive die Petraraca in der Kanzone verwendet keinesfalls im Zeitraum um 1347 entstanden sein könnten, sondern eher den Jahren 1353-1354 entstammen. Ihrer Analyse nach, verwendet Petrarca eine besondere Art der Argumentation in der Kanzone nämlich die Wiederherstellung der Herrlichkeit Roms ohne dabei anti-germanische Motive zu verwenden, wie es in den 1340ger Jahren üblich war. Hier zu vergleicht sie die Kanzone mit dem Lied Enea des Dominikaners Tolomie da Siena das 1331 geschrieben wurde und eher mit dem Lied *Italia Mia* zu vergleichen sei in dem die Ursache für die Misere Italiens und speziell Roms bei den „Überalpinen" zu suchen sei.[6] Petrarca hingegen benenne, laut Voci, klar die Auseinandersetzungen, der italienischen Fürstenhäuser als das hauptsächliche Problem des Politischen Diskurses und wünscht sich einen starken Führer der das Römische Reich wieder aufleben lassen würde. Ein REX ROMANORUM.

Dieser REX ROMANORUM, tritt folgend nicht bloß als römischer Kaiser auf

---

4   Torraca, Francesco „Discussioni e ricerche letterarie" P. 42 Livorno F. Vigo, 1888

5   Torraca, Francesco Op. cit. P. 47

6   Voci, Anna Maria „PER L'INTERPRETAZIONE DELLA CANZONE "SPIRTO GENTIL" DI FRANCESCO PETRARCA P. 283

sondern als starker Mann zur Seite der verwitweten Roma, als Vater aller Römer im Bunde mit ihrer Mutter, der Ewigen Stadt. Auch wenn man in dem Zusammenhang argumentieren können, es hätte auch der Papst sein können, der diese Rolle hätte ausfüllen müsste, sagt Voci, dass Petrarca zunehmend, spätestens aber 1350 definitiv desillusioniert gewesen ist vom Pontifikat und sein Vertrauen in einen Anderen legen musste. Dieser andere hat zu der Zeit also niemand anderes sein können, sowohl von der gesellschaftlichen Stellung als auch im politischen Diskurs, als Karl IV. Zu dem sich zeitgleich die Hoffnungen in Cola di Rienzo seitens Petrarca zu diesem Zeitpunkt bereits abgekühlt hatten.

Speziell geht Voci auf das Jahr 1354 ein, in dem Karl IV eine längere Reise nach Italien unternommen hatte. Diese fand ab September des gegebenen Jahres statt und bringt Voci zu der Annahme, dass auch die Kanzone in der Zeit zwischen September, also dem Beginn der Reise und dem Dezember, also dem Datum des Treffens Petrarcas mit Karl IV, geschrieben worden sein müsste. Dafür bringt sie einige Belege an die sie im Text zu finden glaubt. So glaubt sie, dass die Verse 88 und 99-101 der Kanzone sich auf eben diese Reise beziehen.[7] Dennoch betont sie, dass es als Hypothese anzusehen ist und verweist darauf, dass zum Zeitpunkt der Entstehung der Reime die Widmung nicht gänzlich klar gewesen sein muss.[8]

Colonna Senior oder Junior

Die dritte der Versionen wird von Carducci und Ferrari in ihrem Kommentar zum RVF vertreten es handele sich nicht wie die verbreitete Meinung unter den Gelehrten sei, um eine Ode an Cola di Rienzo, sondern machen viel eher den Vorschlag es sei der Lob eines der römischen Senatoren. Sie beginnen damit die vorherrschende Meinung historisch aufzuarbeiten und führen an dass es auch abweichende Hypothesen zur Zuordnung zugunsten Colas der Kanzone gab. So beziehen sie sich auf Antonio da Tempo der diese These bereits im 14 Jahrhundert auf gestellt hatte und bringe dies mit den Beobachtungen de Sades in Verbindung, dass zu Petraracas

---

7   Voci, Anna Maria Op. cit. P. 288
8   Voci, Anna Maria „Op. cit. P. 288

Zeit generell die Colonnas als Senatoren Roms dominant erkennbar gewesen sind.[9]

Ferner argumentieren Sie, dass für Petrarca nur die Colonnas in Frage hätten kommen können und das aus mehreren Gründen. Zunächst kannte, Petrarca Carducci und Ferrari nach, die Colonnas länger und besser als Cola und bekam wohl 1335 die Gelegenheit seine Dankbarkeit und seine Bewunderung auszudrücken, denn der Papst führte in dem Jahr die Senatorenwahlen wieder ein und es war wohl abzusehen, dass die einzigen die dafür in Frage kommen würden die Colonnas sein würden. Das gewichtigere Argument aber das hervorgebracht wird ist, dass die Kanzone wohl in den Rime gefunden wurden die 1334 und 1336 geschrieben wurden.[10] Daher kann es wohl niemand anderen geben dem oder denen die Kanzone gewidmet sein könnte als den Colonnas selbst.[11] Ferner diskutieren sie in ihrem Kommentar weitere Möglichkeiten der Widmung tun diese aber ohne ausführliche Begründungen ab oder kommentieren diese nicht weiter.

Fazit

Nach Sichtung der vorliegenden Hypothesen, ist es schwer eine eindeutige und zudem ins Detail schlüssige Argumentation auszumachen die keine Fragen mehr offen lässt. Alle drei Hypothesen verlassen sich auf Mutmaßungen, die sie aus den jeweiligen Dokumenten abzuleiten glauben. Jedoch fehlt allein dreien ein konkreter Beleg, der ihren Claim endgültig unterstützen und somit sichern würde. Nichtsdestotrotz erscheint mir die Hypothese die Kanzone *Spito Gentil* sei zu Ehren Cola di Rienzos geschrieben worden am plausibelsten. Die Überzeugung rührt nicht etwas aus dem Alter der Hypothese oder der eigentlichen anfänglichen Begeisterung Petrarcas für Cola, sondern vielmehr von der Tatsache, dass Petrarca das Loblied ankündigt.

---

9   Carducci, Giosuè Ferrari, Severino „Le rime di Francesco Petrarca di su gli originali, commentate da Giosuè Carducci e Severino Ferrari" P. 82 Firenze, G.C. Sansoni 1905

10 Carducci, Giosuè Ferrari, Severino Op. cit. P. 83

Carducci e Severino Ferrari" P. 83 Firenze, G.C. Sansoni 1905

11 Auf die Datierung die Carducci und Ferrari vornehmen gehe ich im Fazit detaillierter ein.

Doch man muss auch dieser Hypothese einiges an Ungenauigkeit und Spekulation anlaste. So schreibt Torraca, dass die Kanzone in großer Eile wohl nach dem erwähnten Brief geschrieben worden sei, erbringt aber keinerlei Belege dafür. Auch erscheint mir seine Argumentation zur Verteidigung seiner Hypothese, gegen mögliche Vorwürfe die Kanzone sei nicht in Latein sondern Italienisch verfasst worden als redundant, gleichwohl sie in bestimmten Kontexten sicherlich ihre Berechtigung hat. Nichtsdestotrotz hat die Cola-Hypothese den anderen einiges an Überzeugung voraus. Nämlich ein direktes Indiz, das von Petrarca selbst ein Zeugnis vorliegt in dem er eine solche Kanzone ankündigt. Andere Hypothesen hingegen, haben keine solch starken Indizien. Voci die, die Hypothese vertritt die Kanzone sei Karl IV gewidmet gewesen, leitet ihr Urteil von sekundären biographischen Schlussfolgerungen ab, solchen also von denen sie annimmt sie könnten Einfluss auf die Entstehung und Widmung der Kanzone haben. Jedoch fehlen abseits dieser Mutmaßungen konkrete Anhaltspunkte um Vocis Claim vollends zu unterstützen. Daher halte ich die Hypothese für zwar in sich schlüssig aber für wenig plausibel.

Die dritte Hypothese, nämlich die um die Widmung der Kanzone an einen der Colonnas, hat zwar eine in sich schlüssige Argumentation begeht aber einige substantielle Fehler und muss somit als widerlegt angesehen werden. So ist nicht von der Hand zu weisen, dass Petrarca lange Zeit ein sehr enges und inniges Verhältnis zum Fürstenhaus gepflegt hatte. Daher wäre es nur naheliegend, er hätte ihnen eine Kanzone gewidmet und dazu auch noch eine die sie eindeutig als die Herrscher Roms ausweist. Die Argumentation hat dennoch Schwachstellen. Zunächst ist das Datum, was allen Hypothesen eigen ist, der Verfassung der Kanzone nicht eindeutig nachweisbar, somit ist es spekulativ ein genaues Datum dafür zu benennen. Was im Falle der anderen beiden Hypothesen die an andere Indizien gekoppelt ist, wie Briefe oder konkrete Ereignisse etwas stichhaltiger ist, im Vergleich zur Colonna-Theorie. Carducci und Farrari mutmaßen, dass nur die Mitte der 1330ger Jahre in Frage käme, da die Kanzone auf diesen Zeitraum anhand von Schriftstücken datiert wird und daher zeitlich nur in diesen Abschnitt fallen kann. Das ist gleichzeitig auch die zweite Schwäche der Hypothese. Die genannten Schriftstücke sind nicht nachweisbar und können daher nicht als Quelle dienen. Damit fällt die gesamte Hypothese in sich zusammen. Sie erscheint mir daher wenig überzeugend.

Um einen Ausblick zu wagen, müsste man sagen, dass die Frage danach wem diese Kanzone gewidmet gewesen ist ungelöst bleiben wird. Denn es gibt lediglich zwei Möglichkeiten nach denen eine mehr oder minder eindeutige Feststellung des Umstandes möglich ist. Die erste und somit die unwahrscheinlichste ist, dass in einem der vielen Archive in denen Patraracas Schriftstücke aufbewahrt werden, doch noch ein Schriftstück wie ein Brief o.ä. gefunden wird das eine eindeutige Zuordnung erlaubt. Dieses Szenario muss aber als höchst unwahrscheinlich abgetan werden, ein Szenario also worauf man sich nicht verlassen kann. Die andere Möglichkeit ist dass unter den bereits existierenden Versionen des RVF oder solcher auf die Wilkins verwiesen hatte, solche zu finden sein werden die mittels naturwissenschaftlicher Methoden auf ein Alter zu beschränken wären. Sollte nun eines davon auf die 1340ger hinweisen (Bei Wilkins Version I und II) und die Kanzone Spito Gentil bereits enthalten so könnte man zumindest die Version des Karl IV ausschließen können. Sollte es weiterhin in Edition II enthalten sein und nicht in Edition I gäbe es starke Anhaltspunkte dafür dass die Kanzone doch Cola di Rienzo gewidmet sein könnte. Final, sollte die Kanzone bereits in der ersten Version existieren[12] könnte davon ausgegangen werden, es handele sich um die Colonnas (jun./sen.). Selbstverständlich könnte Petrarca die Kanzone zu einem späteren Zeitpunkt eingefügt haben auch mit einem der Kandidaten im Sinn, was jedoch zum heutigen Zeitpunkt nicht einwandfrei nachweisbar ist. Somit gegeben, dass Wilkins Theorie bereits als widerlegt gilt und nur das Chigi Manuskript als die früheste gesicherte Form des RVF auftaucht und es keine weiteren eindeutigen Belege für keine der drei Theorien gibt, müssen alle gleichwertig als hypothetisch erachtet werden. Auch wenn einige eine stärkere Argumentation haben als andere.

Abschließend jedoch ist es wichtig zu bemerken, dass nicht die eigentliche Zuordnung der Kanzone ihren Wert im politisch-literarischen Diskurs sowohl der damaligen Zeit als auch für die kommenden Generationen die in diesem Diskurs partizipieren würden ausmacht, sondern die Tatsache, dass Petrarca das Streben nach

---

12 Was nicht einmal Wilkins vorschlägt

der Einheit des (römischen) Reiches, ein Ende der Tyrannenherrschaft und die Reetablierung Roms als der Sitz des Pontifikats, als ein zu erreichendes Ziel in den Verwerfungen der frühen Renaissance sah. Was ihn zu einem Vordenker des italienischen Nationaldiskurses, des italienischen Bürgertums und letztliches des Humanismus machte. In Einheit mit seinem literarischen Wirken gesehen, ist diese Kanzone Zeugnis Petrarcas als eines politischen Ideologen seiner Zeit.

Bibliographie

Bayley, C. C. „Petrarch, Charles IV, and the Renovatio Imperii." Speculum, 17. Bd., H. 3, pp. 323–341, 1942

Baron, Hans „Die politische Entwicklung der italienischen Renaissance" Historische Zeitschrift, Band 174, Heft 1, PP. 31–56, Frankfurt, 1952

Burckhardt, Jacob „Das Geschichtswerk Band II: Die Kultur der Renaissance in Italien", Neu Isenburg, Melzer Verlag 2007

Carducci, Giosuè Ferrari, Severino „Le rime di Francesco Petrarca di su gli originali, commentate da Giosuè Carducci e Severino Ferrari" Firenze, G.C. Sansoni 1905

Cosenza, Mario Emilio, „Francesco Petrarca and the revolution of Cola di Rienzo" Chicago, University of
Chicago Press, 1913

Gardner, G. Edmund „The national idea in italian literature" Manchester, Manchester University Press 1921

Hoffmeister, Gerhart "Petrarca", Stuttgart, J.B. Metzler, 1997

Heintze, Horst "Francesco Petrarca Dichtung und Prosa", Berlin, Rütten & Loening, 1968

Phelps, Ruth Shepard „The earlier and later forms of Petrarch's canzoniere", Chicago, The University of Chicago press 1925

Torraca, Francesco „Discussioni e ricerche letterarie" Livorno F. Vigo, 1888

Voci, Anna Maria „PER L'INTERPRETAZIONE DELLA CANZONE "SPIRTO GENTIL" DI FRANCESCO PETRARCA" Romanische Forschungen, 91. Bd., H. 3, pp. 281-288, 1979

Francesco Petarca gilt zu Recht als einer der wichtigsten Literaten der Renaissance. Haben doch seine Werke nicht nur die Jahrhunderte überdauert sondern sind auch gut gealtert. Bis heute zählt er zum guten Kanon europäischer Literatur. Doch durch ebendiese Kanonisierung, ging ein großer Teil des Wirkens Petrarcas für die breite Öffentlichkeit verloren. Oft wird er auf sein Dichter-Sein reduziert ohne sein gesamtes Wirken in Betracht zu ziehen. (...)

Dokument Nr. V504351
https://www.grin.com
ISBN 9783346044051